子どもの足がどんどん速くなる

伊東純也＝著
永野佑一＝監修

アスコム

『どんな子でも、
何歳からでも、
足は必ず速くなる』

なぜプロサッカー選手が足を速くする本を出すのか

プロサッカー選手代理人　植木竜介

「お父さん、ぼく、足が速くなりたい……」
息子《むすこ》が泣きそうな声で、しかし強い決意を込めて口にした言葉。
この企画は、私の息子のひと言からはじまりました。

私はプロサッカー選手の代理人《だいりにん》をしています。
この本の著者《ちょしゃ》、伊東純也《いとうじゅんや》選手をはじめ、
多くの選手をサポートしてきました。

そんな私がある日、近所の公園で、なぜか何度も何度も、
ダッシュを繰《く》り返す息子の姿を目にしました。
不思議に思った私が帰宅後にたずねると、
息子は意を決したかのように、冒頭《ぼうとう》の言葉を口にしたのです。

話を聞くと、間近に迫った運動会のかけっこで、

「ビリには絶対になりたくない」ということでした。

もともと息子は足が速くありません。しかし私は、足が遅くても、それ以外でがんばってくれれば、それでいいと考えていました。

ところが息子はめずらしく、強い口調で言うのです。

「お父さんは、なにもわかってない！

足が遅いとみんなに笑われているような気がして、恥《は》ずかしいんだから！」


これを聞いて、私はなんとか息子の力になりたいと思いました。

しかし、私には専門知識がありません。ネットで調べてみましたが、今度は情報が多すぎて、わけがわからなくなってしまいました。

こうなったら足が速い人に聞くしかない――。

そう思い立って、真っ先に頭に浮かんだのが伊東純也選手でした。

日本代表にも選ばれた快足《かいそく》ドリブラー、「韋駄天《いだてん》」「スピードスター」と呼ばれる彼なら、息子の悩みを解決してくれるかもしれない、と。

KIRIN
LOVES
SOCCER
KIRIN
KIRIN

私は早速、伊東選手にたずねました。

「どうしたら速くなりますか。なんでもいいので教えてください」

翌日、彼は思いもよらないアドバイスを私にしてくれました。

「うそだと思われるかもしれませんが、
これをやるだけで速くなるはずですよ」

そして運動会当日、かけっこの時間がやって来ました。
いつもならスタートから出遅れて、
そのまま置き去りにされるところですが……。
私は目を疑いました。終盤《しゅうばん》に力尽きて6人中4位に終わったものの、
最下位が定位置だった息子が信じられない大健闘《だいけんとう》を見せたのです。
息子は父兄席《ふけいせき》にいる私を見つけて、Vサインをしました。
少し照れながらも誇《ほこ》らし気な、あの表情を
私は生涯《しょうがい》忘れないでしょう。

あの日以来、息子は見ちがえるように変わりました。
引っ込み思案だった息子が、どんなことにも積極的になったのです。

思えば私は、しつこいくらい息子に言い続けてきました。
「やればできる！　できないことなんかないんだから！」と。
しかし親に聞かされる百万回の「やればできる」より、
自分でつかんだたった一度の成功体験、
これに勝るものはないのです。

苦手だったかけっこが速くなる。その自信は子どもを変えます。
1位になれなくてもかまいません。
「いままでより速くなったぞ！」という自信は、
子どもの可能性をグイグイと引き出してくれます。
その自信をもたらしてくれた伊東選手のアドバイス。
子どもがグンと成長する瞬間《しゅんかん》を、あなたもぜひ目撃《もくげき》してください。

はじめに

プロサッカー選手　伊東純也

「走るのが苦手な、息子の足を速くしてください！」
植木さんからこうお願いされたとき、正直、困りました。

たしかに、所属《しょぞく》してきたクラブでも日本代表でも、
自分より速い選手はいませんでした。
でも、だれかに走り方を教えた経験《けいけん》なんてありません。

それでも頼みを引き受けたのは、
自分の経験が、悩んでいるだれかの役に立つなら、
こんなにうれしいことはない、と思ったからです。

幼いころから、足の速さはいつもトップクラスでした。
所属したサッカーチームでも、いまと同じように
右サイドを全力で駆《か》け抜け、敵を置き去りにしていました。

とはいえ、だれかに走り方を教わった経験がありません。
フォームは我流《がりゅう》。どうやら手足がバタバタしているらしく、
「たしかに速いけど、ジュンヤの走り方って変だよな」と、
チームメイトにしょっちゅうからかわれてきました。

自分で見ても、決してスマートじゃないと思います。
これはからだがかたいからかもしれません。
実はぼくはからだがめちゃくちゃかたくて、
前屈《ぜんくつ》でも指先がちょっと地面に触《ふ》れるくらいなのです。

そうそう、からだのかたさに加えて、もうひとつ苦手なものが。
それは野菜。いまはそれなりに克服《こくふく》しましたが、
子どものころは野菜が一切食べられず、母を困らせていました。

欠点だらけのぼくが足が速いのは、なぜだろう──。
自分のプレー映像を見ながら考えていたとき、ある点に気づきました。

●ももを高く上げていない
●腕《うで》を90度に曲げて振っていない
●フォームなんて気にしたことがない

陸上の定説をご存《ぞん》じの方なら、
「なにをばかなことを」とおっしゃるかもしれません。
でもぼくはそういう走り方で、実際に速く走れているのです。
からだがかたくても、野菜が食べられなくても、
おまけに変なフォームでも、速く走れるのです。
このことをヒントに植木さんにアドバイスをしたところ、

しっかりと結果を出すことができました。

そこで、ぼくはこう思うようになりました。
自分の走り方をさらに分析《ぶんせき》してメソッドとしてまとめ、
走るのが苦手なたくさんの子どもたちに伝えたいと。
それがこれから紹介する「スピードスターメソッド」です。
これはぼくの走り方や経験をもとに、
元400メートルハードル選手の永野佑一《ながのゆういち》さんと考えた、
足を速くするだけでなく、
自分のもつ可能性さえも広げてくれる
トレーニングメソッドです。

メニューを考える上で重視したポイントは3つ。
「腕振り」「足上げ」「着地」。
基本中の基本を改めて見直したこのトレーニングをやるだけで、
たった1日で、見ちがえるように効果が出る子もいます。

複雑なトレーニングは一切ないので、気楽に続けられます。
さらにふたりでやると効果がアップするので、
親子のきずなも深まるかもしれません。
しかも何歳からでもできる、軽い負荷《ふか》のメニューばかりなので、
運動不足でおなかが出はじめたお父さんには
子どもにかっこいい姿を見せるチャンスです。

足が遅いというコンプレックスから解放《かいほう》されると、
子どもの人生は大きく変わります。
「ぼくにもできた！」「私もやればできるんだ！」
という自信は、その後の**人生の支えになるはず**です。

それでは早速《さっそく》、はじめましょう。
ただ速くなるだけではない「スピードスターメソッド」。
このトレーニングを終えたとき、きっと新しい未来が待っているはずです。

君も必ず速くなる!

スピードスターメソッド体験者の声

わずかな時間で足が速くなるスピードスターメソッド。その効果を確かめるため『「一夜漬《づ》け」1DAYコース』を1時間やってもらい、その前後の50メートル走のタイムを計測・比較しました。果たして、その結果は――。体験者のおどろきの声を紹介します。

速くなって楽しい！

島田真吾くん（6歳 男子）

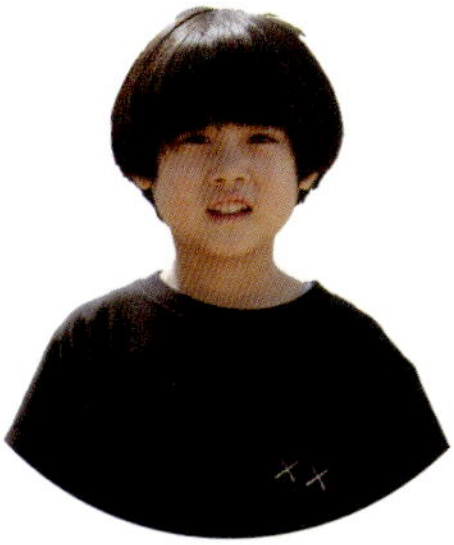

1.37秒
短縮

Before 12.75秒 ▶ After 11.38秒

両親いわく「運動は好きなようです。でも、かけっこでもなわ跳《と》びでも友だちが自分より上手にやるのを見ると、急にやる気がなくなるようで……」。

最初は手足をパタパタさせて走っていた真吾くん。スピードスターメソッドを体験すると、フォームに力強さが出てきました。腕《うで》を前後にすばやく振って加速。速くなった手応《てごた》えがあるのか「走るのが楽しい!」と声を弾《はず》ませていました。

グーにしたら速くなった！

Before 7.17秒

▼

0.31秒短縮

After 6.86秒

石川真治さん（40歳 男性）

若いころサッカーに熱中した石川さんも「最近は運動不足で……」と自信なさげ。しかしスピードスターメソッド直後の2本目では、手をパーからグーにした瞬間、明らかに加速。「手をにぎるだけで速くなるんですね」とおどろいていました。

練習を続けていきます

Before 9.49秒

▼

0.55秒短縮

After 8.94秒

山本優子さん（13歳 女子）

「リレーが苦手で、うしろから追い上げられるのが怖い」という優子さん。スピードスターメソッドによってスタートがうまくなり、足の運びもスムーズになりました。「練習を続けて運動会につなげます」と明るい表情で話してくれました。

やればできる自信がついた！

Before 8.72秒
▼
After 8.60秒

0.12秒 短縮

村下貴子さん（10歳 女子）

「運動会の選抜リレーに出るのが目標」と語る貴子さんの悩みは、長距離に比べて短距離がうまく走れないこと。しかし腕を左右に振ってしまう悪いクセは、スピードスターメソッドによって改善。「やればできる自信がつきました」。

＼もっと！／
7日間チャレンジで！

川畑幸喜さん（34歳 男性）

Before 8.82秒
▼
After 8.01秒

0.81秒 短縮

「こんなに手軽なトレーニングメニューでいいの？ と思ったけど、タイムが伸びてびっくり!」

北島智哉くん（11歳 男子）

Before 11.65秒
▼
After 9.65秒

2.00秒 短縮

「お父さんに手伝ってもらって、練習が楽しかった。はじめて10秒を切ることができて本当にうれしい!」

子どもの足がどんどん速くなる もくじ

Chapter 2

スピードスターメソッドが最強である11の理由

Chapter 3

足が速くなるのはどっち？

※本書のトレーニングは、その効果に個人差があります。また、トレーニングのやり過ぎは、ケガの原因となるおそれがあります。過度なトレーニングはひかえましょう。

Chapter 1

伊東純也式
スピードスターメソッド

「スピードスターメソッド」は、足の遅い子を 4 段階でスピードスターに変身させるメソッドです。①ウォーミングアップでからだをならし、② 1DAY コースで走りの基礎をマスター。③ 7DAYS コースでからだの使い方を習得して、④ 14DAYS コースで体力向上もふくめて総仕上げ。これでどんどん速くなります。

1 First

ウォーミングアップ

トレーニングをはじめる前に、股関《こかん》節《せつ》をストレッチ。この部分が柔《やわ》らかくなると、走りは大きく変わります。

2 Second

1DAYコース

すぐに走りが変わるメニューを3つ伝授。どれも部屋の中で短時間でできる、お手軽なトレーニングです。

LET'S TRY!

4段階で速くなる スピードスターメソッド

4 Fourth

14DAYSコース

走ることが楽しくなってきた君に、体力がつく特別メニューを用意。これで「スピードスター」の称号をゲットだ。

3 Third

7DAYSコース

走りの基本ができた君に、もっとスピードが出るメニュー3つを紹介。外に出て、からだを動かしてみよう。

01

ウォーミングアップ

ランジ

ADVICE

走るときの姿勢（写真左）から、振り上げた足を大きく前に踏み出す（写真右）。軸足に戻って、逆足でも同じ動きを繰り返そう。

足の回転数が上がる

股関節《こかんせつ》とハムストリングを刺激するストレッチ。足の回転が速くなる。

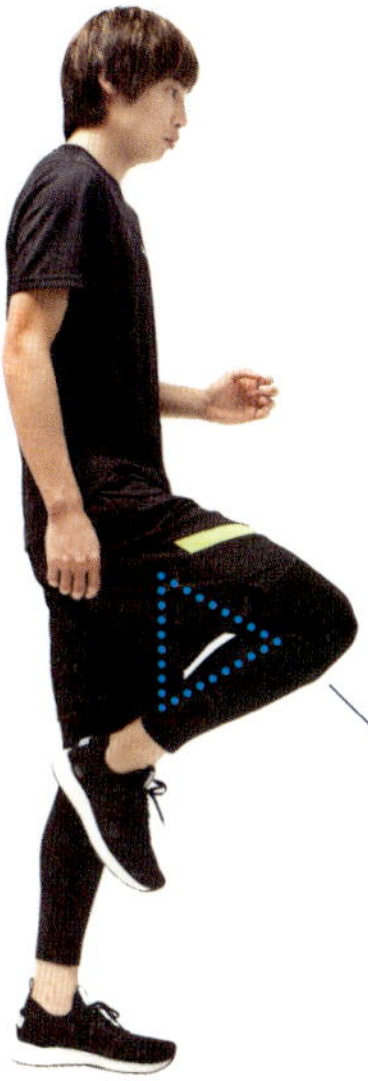
ひざを上げすぎない

1 片足立ちで上げた足は三角に

上半身はリラックスさせる。

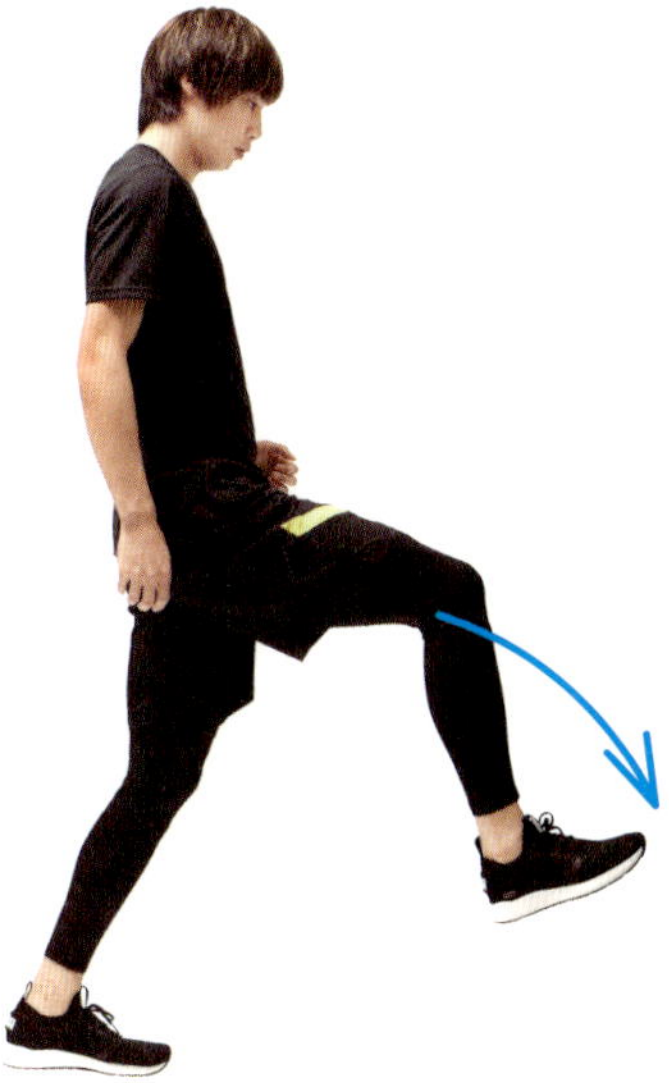

2 上げた足が直角にまがるところまで踏み出す

踏み出す足はまっすぐに。

太もも裏とふくらはぎに
負荷がかかる
ひざは直角に

3 腰を落として5秒静止

背筋をまっすぐにして、視線は正面に。
これを**左右両足で行って1セット**。

3セット行う

02

ウォーミングアップ

ステップランジ

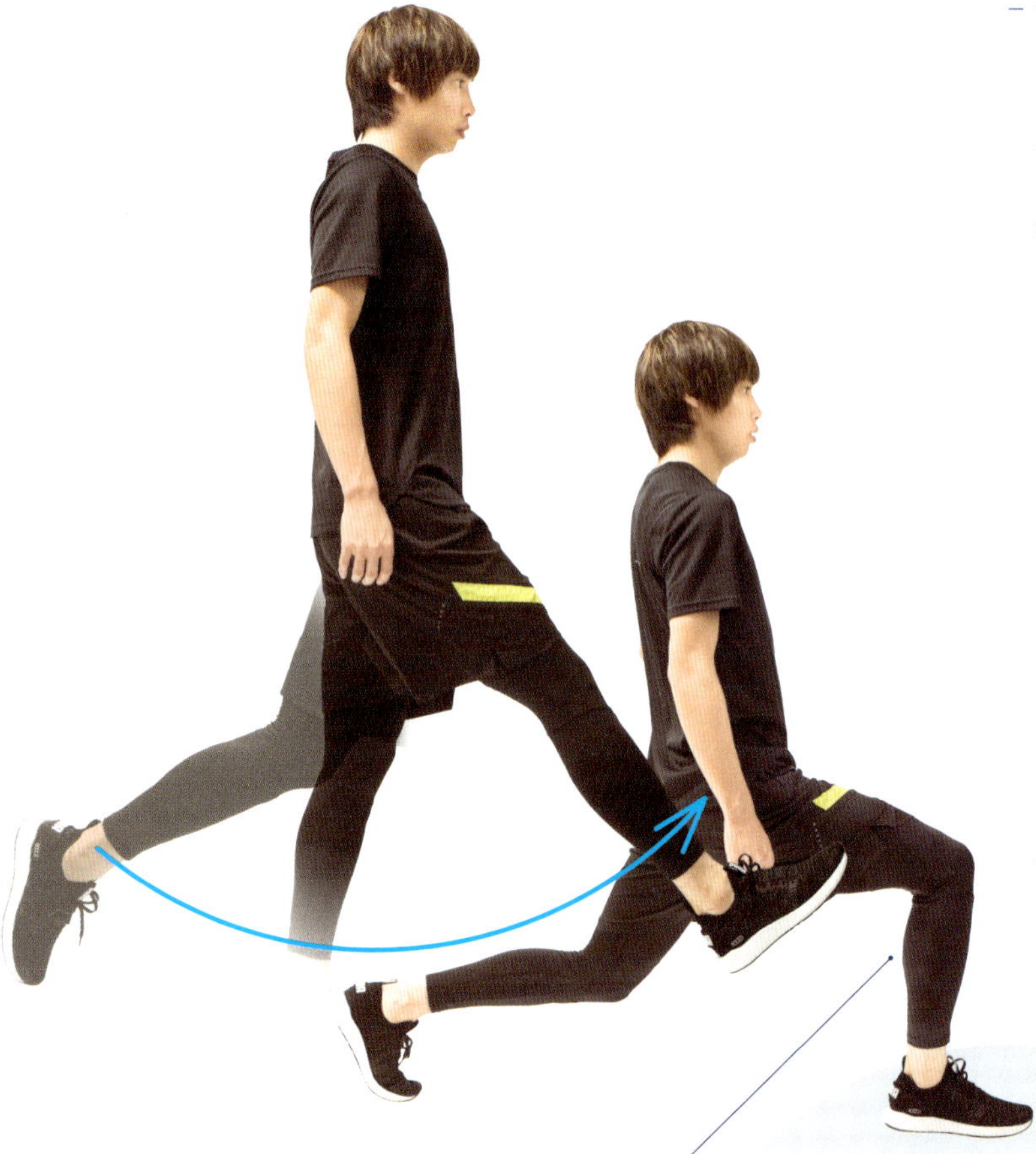

お尻まわりとリズム感を強化

走りのパワーを生み出すお尻まわりの筋肉をきたえ、リズム感も身につけられる！

ADVICE

上げた足を前後にスイングして、最後に前に大きく踏み出す。前ページのランジと同じように、両足で繰《く》り返しやろう。

1 上げた足を前に振り出す

上体はまっすぐ。前かがみにならないように。

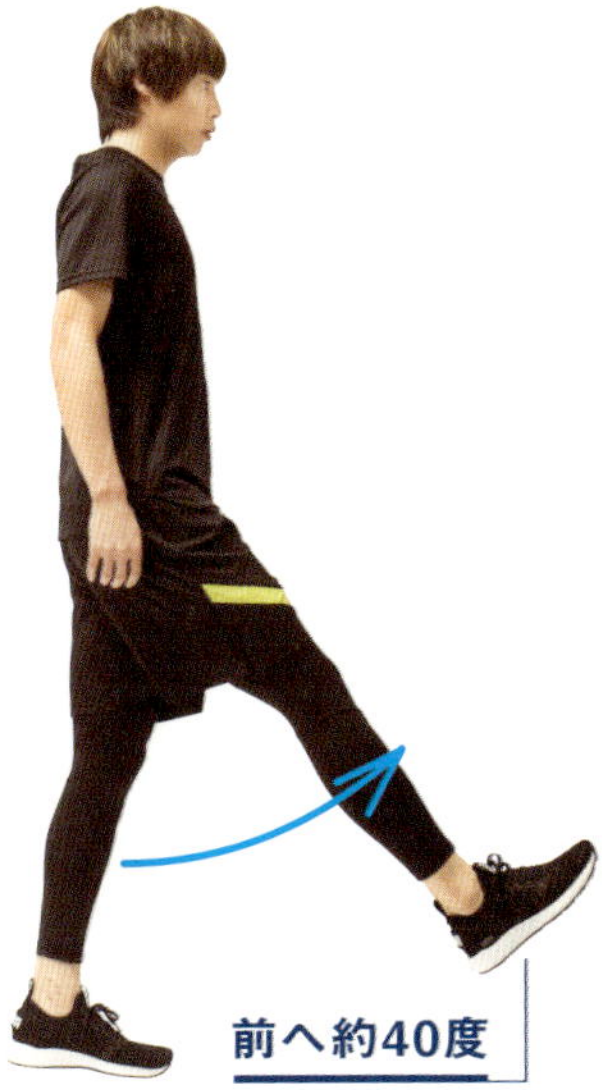
前へ約40度

2 振り出した足をうしろへ

ひざ下だけを振るのはダメ! ももから振り出すイメージで!

うしろへ約40度

3 大きく前に足を踏み出して5秒静止

これを左右両足で行って1セット。

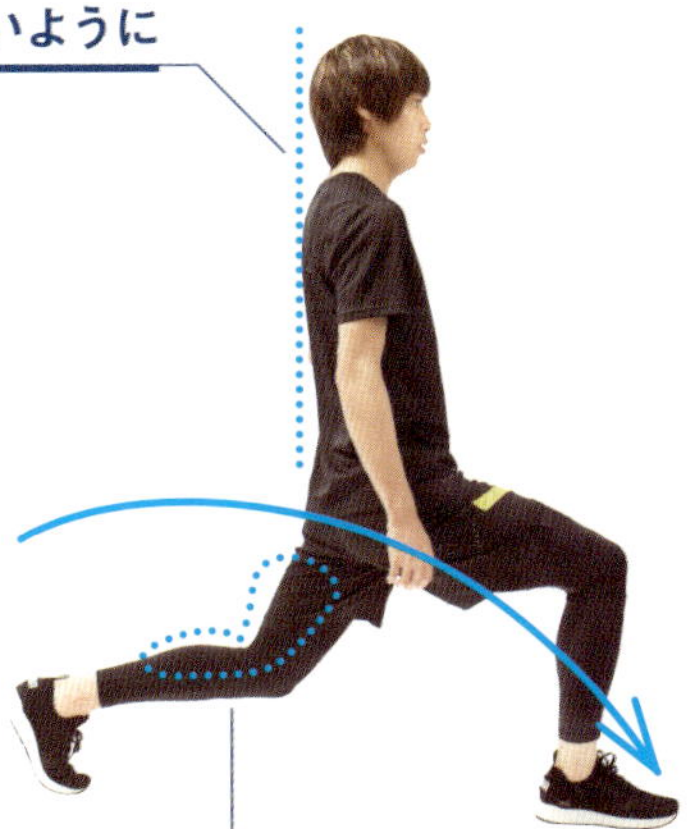
上体はまっすぐ。
ぶれないように
もも裏から
ふくらはぎに負荷がかかる

3セット行う

03

ウォーミングアップ

サイドスイング

股関節の柔軟度アップ！

股関節《こかんせつ》がやわらかくなり、足の回転数が上がって歩幅も広がる。ケガ予防にも有効。

ADVICE

かべに手をつき、振り子のように左右に足を振り上げよう。足はムリなく上がるところまで上げればオッケー。

肩幅より少し広めに
手をつき、体重をかける

1 かべに手をついて片足立ち

かべから軸足のつま先までの間隔は1足半ほど。

腰はねじらない

2 上げた足を小さく振り出す

ひざは少し
曲がってもオッケー

軸足はまっすぐ。
かかとは上がらないように

3 反動を生かして足を逆方向へ大きく振り上げる

右足を5回スイング、左足も5回スイング。
これで1セット。

3セット行う

スピードスターメソッド「一夜漬け」1DAYコース

気づけば運動会は目前。時間がない、なにをやればいいかもわからない。あーあ、またビリになるのかな……。そんなふうにため息をついている君、あきらめるのは早いぞ！　こんなときは「一夜漬《づ》け」1DAYコースがおすすめ。外での走り込みをしなくても、運動会の前夜に部屋でちょっとからだを動かしただけで君の走りは確実に変わる！

01

「一夜漬け」1DAYコース

30秒片足立ち

足を上げる感覚をつかむ

上げた足の正しい高さが身につけられて、同時に体幹《たいかん》もきたえられる。

ADVICE

片足立ちで走っているときの姿勢をつくって30秒静止。これで基本姿勢を身につけよう。

横

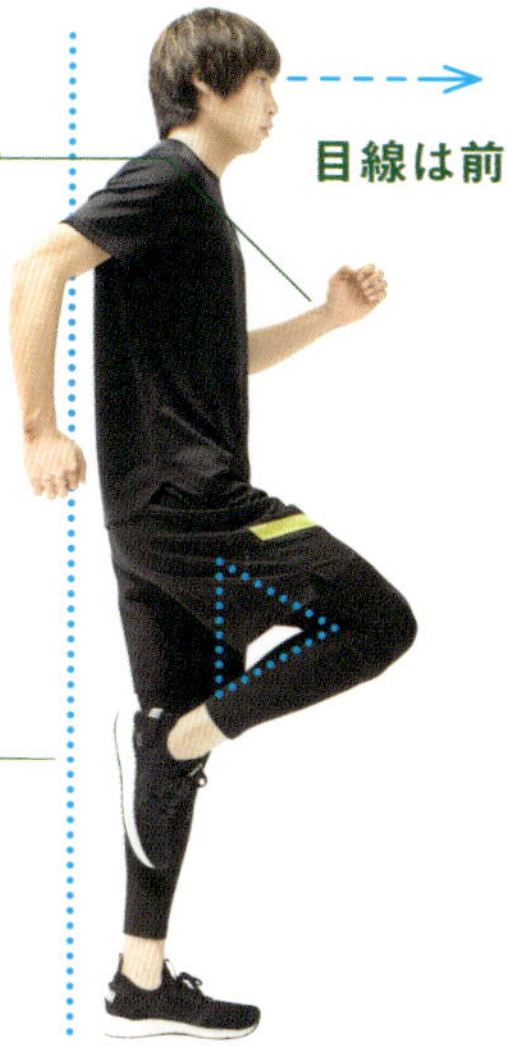
上げた足と逆の手を前に
目線は前に
一直線をキープ

上げた足で三角形をつくる

バランスの取りやすい軸足が、スタート時に前に出す足になる。

正面

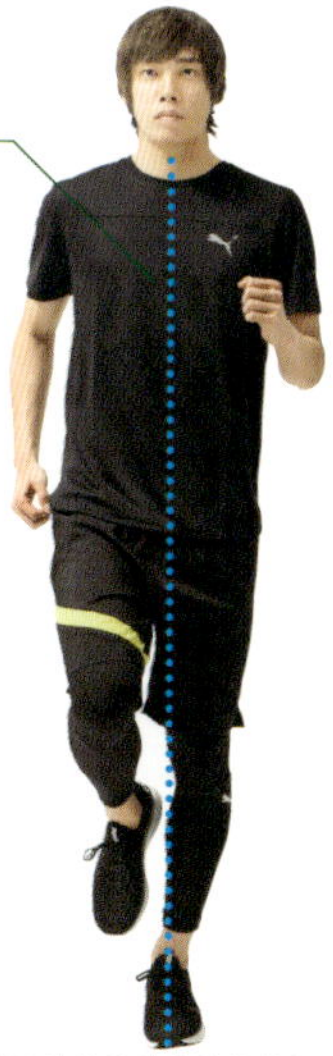
地面から頭に軸が通っているイメージで

おなかに力を入れて30 秒静止

右足立ちで 30 秒、左足立ちでも 30 秒やって1セット。

2セット行う

✕ NG

足を高く上げすぎると、上体がうしろに反《そ》り返ってスピードが出なくなる。正しい高さに足を上げよう。

02

「一夜漬け」1DAYコース

おやじドーン

スタートの動きをマスター

かけっこはスタートが大事。前傾《ぜんけい》姿勢になって、力強く前に出ていく感覚を身につけよう。

ADVICE

目の前に家族や友だちに立ってもらい、両足立ちで前に倒れていく。その勢いで一歩踏み出して相手に手をつき、ググッと前傾姿勢で1歩、2歩と押していこう。

顔から倒れていく
イメージで
自然にトンと
足を出す

1 上体を相手に向かって倒していく

両足立ちで相手に向かって上体を倒していき、その勢いで片足を前に着地。直後に両手を相手の胸にドーン!

2 前傾姿勢で相手を押していく

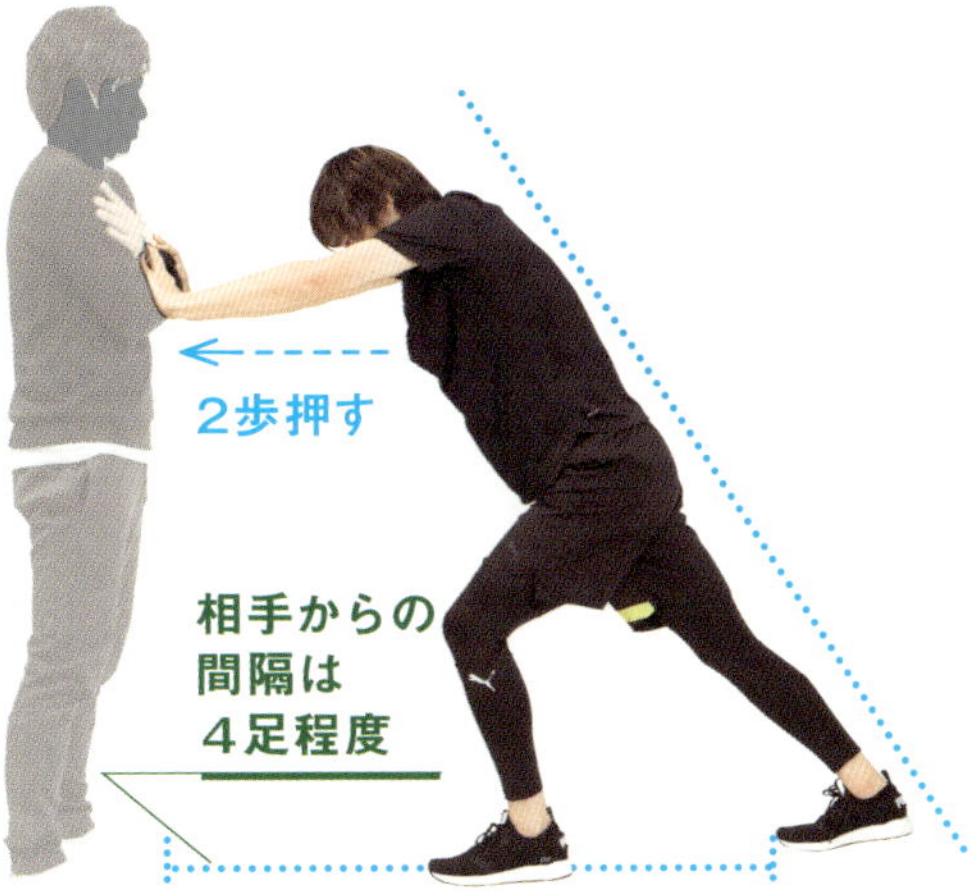
2歩押す
相手からの
間隔は
4足程度

押された人は素直に下がる。
これで1セット。

3セット行う

1人でも

電柱やかべを相手にやってみよう

1人でも、どこにいてもできるのが、このメニューのいいところ。

03

「一夜漬け」1DAYコース
ひじパンチ

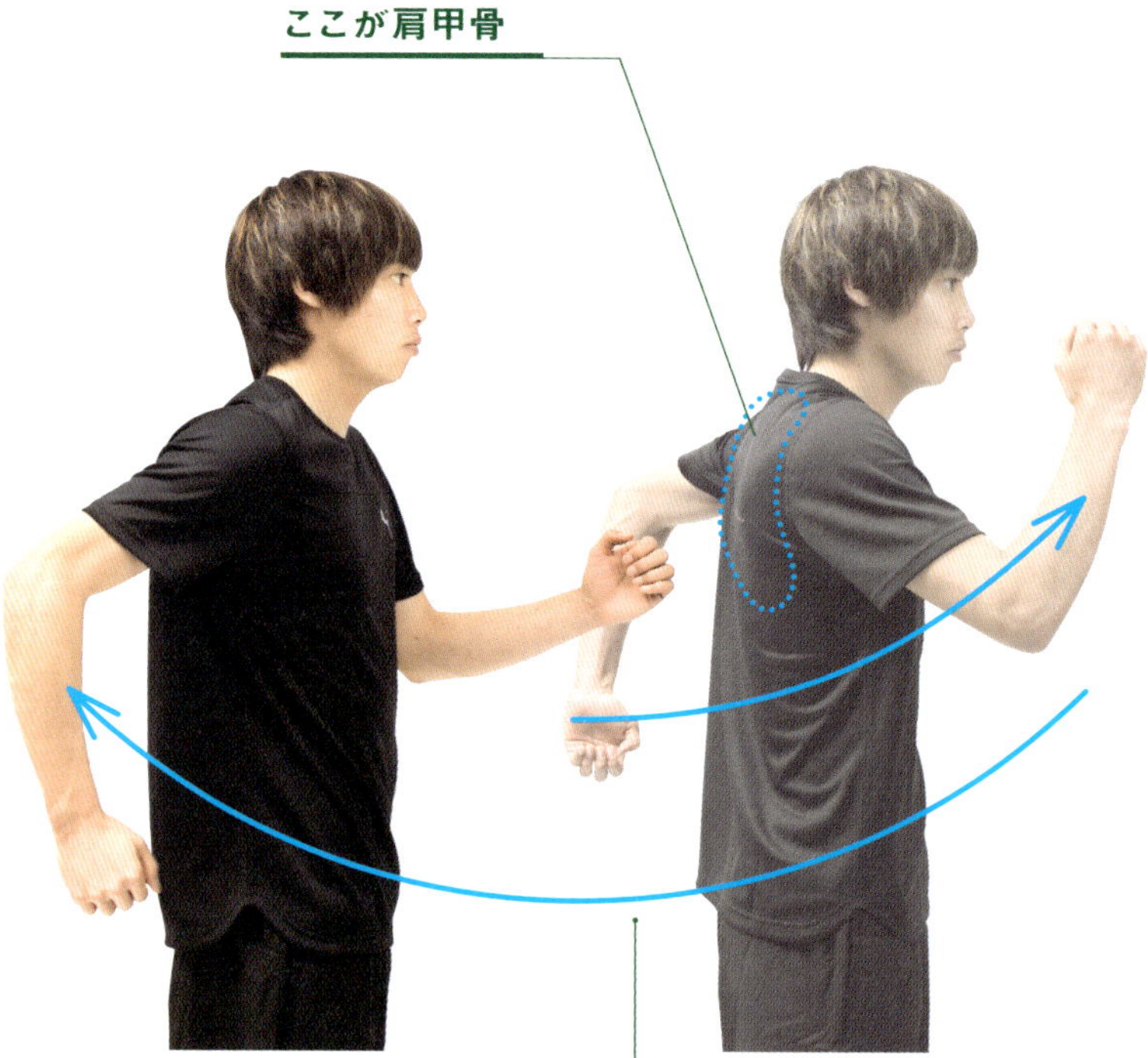

ADVICE

肩甲骨を意識しながら両腕をすばやく前後に振るだけ。簡単だけど効果は絶大。

腕の振りが速くなる

速く走るには腕《うで》の振りも大事。肩甲骨《けんこうこつ》を意識して、すばやく腕《うで》を振ることで、スピードがつく。

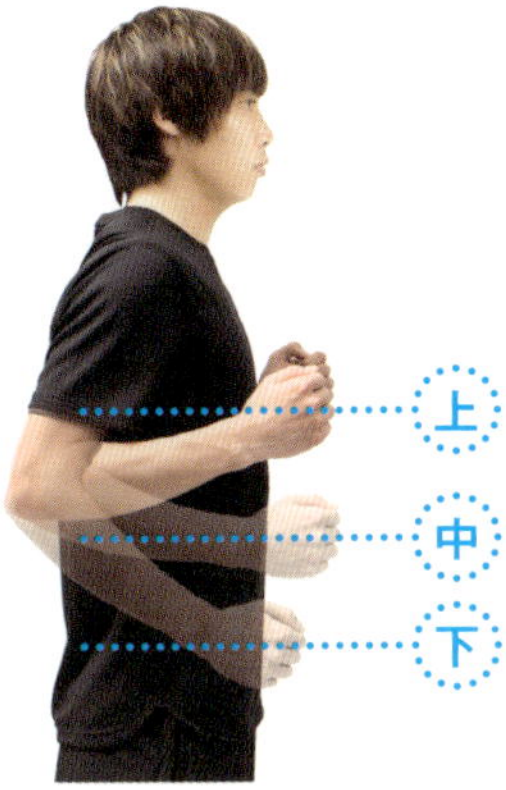

1 まずは自分に合った腕の高さを知ろう

上中下、ひと通り振ってみて、振りやすい位置をさぐろう。

肩甲骨を意識

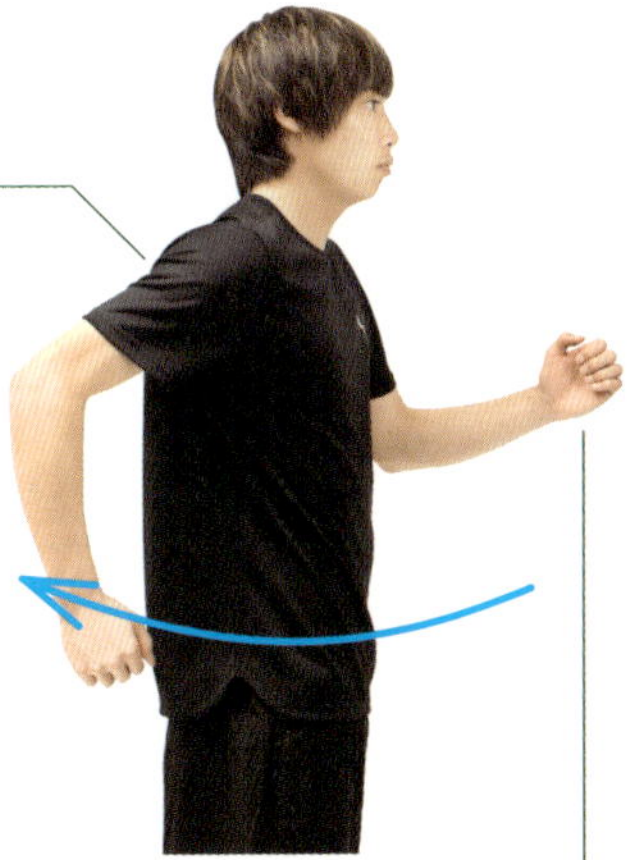

2 15秒間、腕を前後にすばやく振る

肩甲骨から動かすイメージで。
これで1セット。

ペンを軽くにぎるくらいのグーで

3セット行う

親子で

おうちの人の手の平にひじを打ちつけろ!

ひじをうしろに強く打ちつけることで、推進力が増す。うしろの人は掛け声でお子さんをはげまそう。

タイムがグングン伸びる「急成長」7DAYSコース

一夜漬けで速くなる手応えをつかんだ君。せっかくだから、「急成長」7DAYSコースでもっと速くなろう！　やることは、ケンケン、スキップ、ジャンプと遊びみたいなもの。これを続けるだけで遅い自分にさようなら。タイムが伸びて、あれれ？　苦手なかけっこが楽しくなってきたぞ。

01

「急成長」7DAYSコース

全力ケンケン

腕をひきつけてグイグイ前進！

腕《うで》の力を最大限生かすメニュー。腕を思い切り振る力を利用して、からだを前に運ぶ。

ADVICE

片足立ちで前傾《ぜんけい》姿勢になり、前に出した腕を思い切りうしろに振る力を利用して、大きくジャンプ。全身の力をつかってダイナミックに跳《と》ぼう。

あごを引き、
おでこを前につき出す
軸足のヒザ
を曲げる

1 片足立ちで前傾姿勢に

軸足とは逆の腕を前に。

右腕を思い切りひく
上げた足を少し前に出す

2 腕と足で反動をつけて全力でジャンプ！

前に出した腕を思い切り振る。
上げた足はグッと前へ。

うしろに
思い切り蹴る
イメージで

3 距離を出すことを意識して5歩ケンケン

右足で5歩、左足でも5歩ケンケンして1セット。

3セット行う

02

「急成長」7DAYSコース

グルグルスキップ

肩甲骨中心の腕振りをマスター

腕《うで》振りのポイントは肩甲《けんこう》骨《こつ》を意識すること。このメニューで、肩甲骨を中心にした腕振りが身につく。

ADVICE

両腕を大きく前にまわしながら、スキップするだけ! リズム感も身につけられる。

1 両腕をつき出した姿勢でスキップ開始！

これがスタートのときの姿勢。

両腕はまっすぐ

下からまわしていく
肩甲骨からまわすイメージ
ひざは三角になる高さに上げる

2 肩甲骨を意識しながらダイナミックに腕をまわす

腕はひじを曲げずに、つねにまっすぐ。

手は軽くにぎる

3 リズムよく10歩スキップ

3セット行う

着地はつま先で行うイメージ。べた足にならないように注意。**10歩で1セット**。

ADVICE

足をすばやくグー、チョキ、パーと動かす。親や友だちに手拍子や声をかけてもらい、それに合わせてジャンプ。テンポを上げていくと、より効果的!

「急成長」7DAYSコース

グーチョキパージャンプ

リズム感がよくなる

すばやくステップを踏むことでリズムがよくなり、足の回転数が上がっていく。

1 スタートはグーから！ 上体をリラックスさせよう

ひざのクッションを利用して跳《と》びはじめる。

2 グーの次はチョキ すばやく跳ぶ

地面にかかとがついたらダメ。
リズムを意識して跳ぼう。

3 最後はパー これを10回繰り返す

パーは足を広げすぎないこと。慣れてきたら徐々にテンポを上げよう。**グーチョキパー×10回で1セット。**

3セット行う

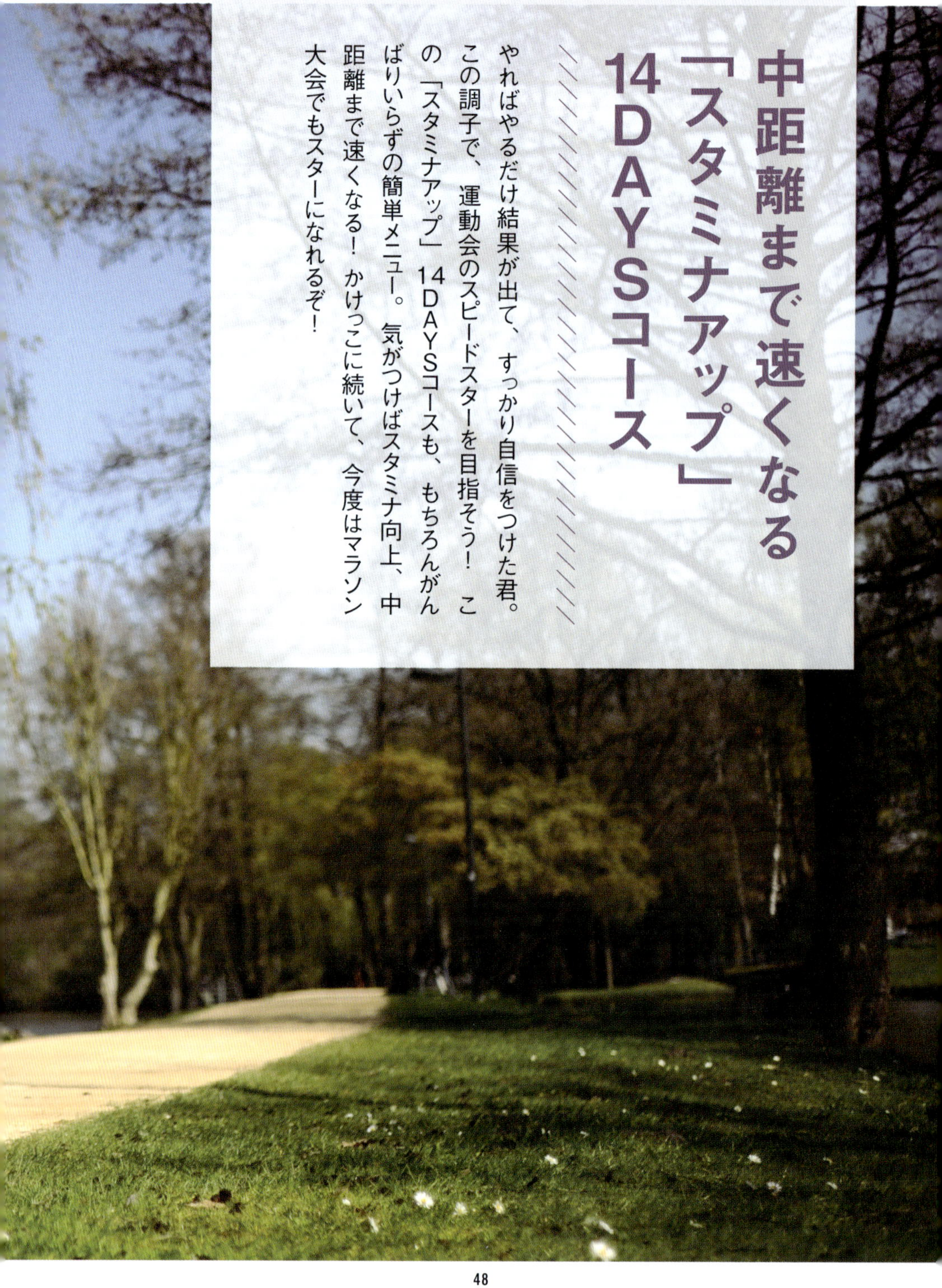

中距離まで速くなる「スタミナアップ」14DAYSコース

やればやるだけ結果が出て、すっかり自信をつけた君。この調子で、運動会のスピードスターを目指そう！　この「スタミナアップ」14DAYSコースも、もちろんがんばりいらずの簡単メニュー。気がつけばスタミナ向上、中距離まで速くなる！　かけっこに続いて、今度はマラソン大会でもスターになれるぞ！

01

「スタミナアップ」14DAYSコース

前後ジャンプ

ADVICE

上体をリラックスさせ、両足をそろえて前後にすばやくジャンプ。前後のさかいに目印となるものを置いて跳《と》ぼう。

正しい着地の感覚をつかむ

走るとき、かかとは地面につかない。つま先で着地して、踏み切る感覚が身につけられる。

セッティング

目印となる物（ペットボトルなど）を2本配置。

1 両足を跳びやすい間隔にそろえてスタート

ペットボトルのうしろから。

2 すばやく前へ休まずうしろへ

大事なのは高さよりもテンポだ。

3 往復 10 回ジャンプを繰り返す

3セット行う

往復 10 回で1セット。

02

「スタミナアップ」14DAYSコース

シャトルラン

スタートの反応がよくなる

スタートの反応で差をつけるためのメニュー。すばやい動きをする中で、足と腕の回転も上がる。

ADVICE

うしろ向きに座り、合図とともに立ち上がり反転。目印の間を、すばやく往復する。家族や友だちに合図をまかせると効果アップ。合図を出す側は、じらしたり、フェイントをいれるとグッド!

セッティング

目印となる物（ペットボトルなど）を
片側に3本、または両側に6本配置。

1 全神経をスタートの合図に集中させる

これがスタートの姿勢。家族や友だちが手をたたいたら、すばやく立ち上がってダッシュ。ひとりならスマホのタイマー機能で代用してもオッケー。

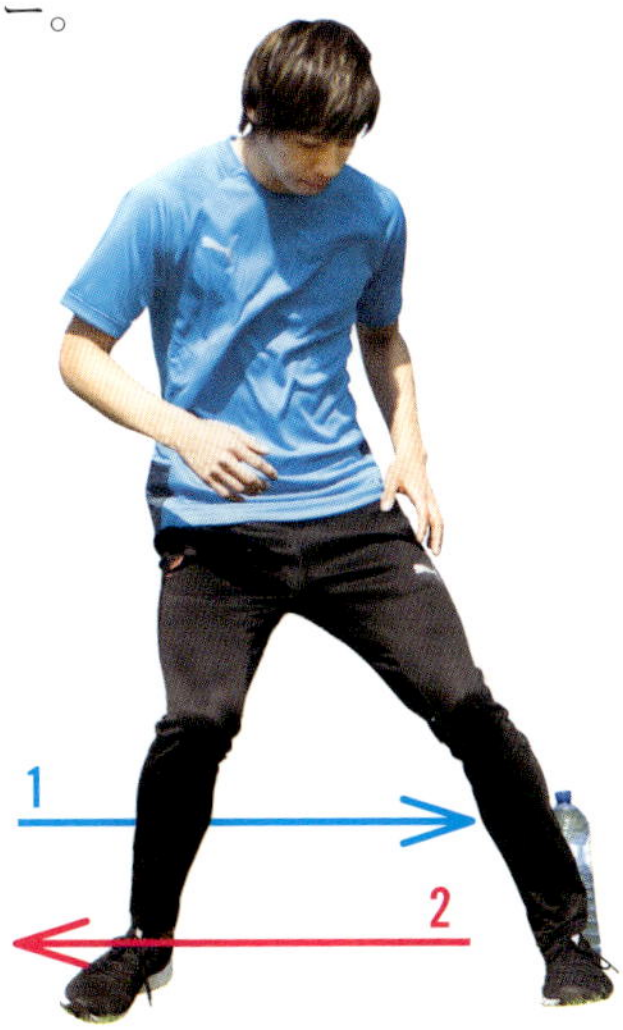

2 ダッシュをして目印で切り返す

目印のところで強く踏み込み、すばやく切り返す。

走る順序

スタートしたら、ダッシュして**切り返し地点**でターンし、またダッシュ。
1 ～ 4 で1セット。

3セット行う

03

「スタミナアップ」14DAYSコース
10秒ジョグ&5秒ダッシュ

ADVICE

ジョギングからのダッシュを繰《く》り返すだけ。公園や校庭など、ちょっと広い場所でやってみよう。

加速力と体力がアップ

加速の感覚と同時にスタミナも身につく、一石二鳥のトレーニング。

14 DAYS COURSE

1 10秒数えながら正しいフォームでジョグ

腕《うで》とももをしっかり動かす。

ヒザを
上げすぎない

2 10秒経ったらダッシュ

ダッシュの1歩目の幅を大きくすると
加速がつかないので、小さめに踏み出す。

低くしずみこんで
1歩目は小さく
踏み出す

3 ダッシュは5秒本気で走る

2歩目でトップスピードに乗るイメージで。
これで1セット。

2歩目から
グンと大きく

3セット行う

どこまで更新できるのか！

目標タイム

秒

50メートル記録シート

スピードスターメソッドでがんばってきた結果を、ここに記録しよう！

50メートル走を「計った日」と「タイム」をまず忘れずに記入。そして「ひと言コメント」には、反省点を書いてもよし。家族や友だちに今日の走りはどうだったか、書いてもらうのもよし。記録が伸びるうれしさを残そう！

日付	タイム	一言コメント
/		
/		
/		
/		
/		
/		
/		
/		
/		
/		
/		
/		
/		
/		

Chapter 2

スピードスターメソッドが最強である11の理由

最強である理由

01

運動神経が悪くても速くなる

走ることが苦手な子どもに、「どうして速く走れないの？」とたずねると、たいてい次のような答えが返ってきます。

「だって、運動神経が悪いから……」

これが親になると「ウチの子は生まれつき苦手で……」という言葉になります。

この言葉の裏《うら》には、運動の得意不得意は、生まれつき決まっているという思い込みがあります。

ぼくも子どものころは、そんなふうに思っていました。

自分がスポーツが得意だったこともあって、足が遅い子やドッヂボールが苦手な子がいると、「あいつ、運動神経ないから仕方ないか」とあきらめながら見ていたのです。

でもトレーナーの永野さんの言葉を聞いて、その間違いに気づきました。

「**運動神経って実は生まれたときに、すべて決まっているわけじゃない**んです」

そう言って、永野さんは自転車を例に説明してくれました。

人間だれしも、生まれたときから自転車に乗れるわけではありません。でも、一度乗れるようになると、どれだけ長く乗らなくても、またすぐに乗れるようになる。一度、コツをつかむと、二度と忘れることはありません。

走るのだって自転車と同じ。**コツさえつかめば、足の遅い子だって速く走れるようになる**のです。

ではなぜ、ぼくらは「足の速さは生まれつき」と考えてしまうのでしょう。

これは水泳と比べると、わかりやすいかもしれません。

人は生まれてから1年ほどで立って歩くことができるようになり、そのうち自然と走り出します。速さやフォームは人それぞれですが、だれでも気がつけば走れるようになります。

水泳は違います。

はじめから泳げた、という子はほとんどいないと思います。ぼくも水中で目を開けるところからはじめて、次に水に浮かび、それからバタ足の方法を親や学校の先生に教えてもらって、泳げるようになりました。ゼロからひとつずつ積み重ねていくので、努力や工夫次第で水泳は上達する、という気になれます。

でも、足の速さは違います。**だれでも自然に走れてしまうので、速い遅いは生まれつき決まっているものだと「錯覚《さっかく》」してしまうのです。**

実際にぼくは、体育の授業やサッカーチームで、速く走る方法を教わったことがありません。すべて我流《がりゅう》。それはみなさんも同じだと思います。

そして我流で走る子どもたちが、体育の時間や運動会で速さを競《きそ》い、遅い子は周りから「あいつ遅せー」と言われ、悔《くや》しさやみじめさを味わい、やがては「自分は生まれつき足が遅いんだから仕方ない……」とあきらめてしまう。


そんなふうにあきらめている子どもたちに、ぼくは声を大にして言いたい。

足の速さは、生まれつき決まってなんかいない！

ちょっとしたコツをつかめば、いくらでも速くなる！

こう考えただけでも、君は「スピードスター」への第一歩を踏み出しているのです。

最強である理由

02

運動不足解消に最適。きたえすぎにもならない

ぼくは子どものころ、毎日日が暮れるまで外で遊んでいました。

サッカーチームでの練習はもちろん、友だちと鬼《おに》ごっこをしたり、ふたりの弟とちょっとした広場でサッカーに明け暮れていました。

でもいまは、外で遊んでいる子どもをあまり見かけません。オフに横須賀の実家に帰るたびに、静かだな、外で遊んでいる子どもが少ないなと感じます。


知り合いの記者と話したとき、そのことが話題になりました。

いまの子どもが外で遊ばないのは、次のような理由があるそうです。

学校が終わったら、塾や習い事に通わなきゃいけない。

公園ではボール遊びが禁止になっている。

鬼ごっこなんかをして騒《さわ》いでいたら、近所から苦情が来る。

そして、子ども自体が少ない。

ぼくが子どものころは、放課後に外で遊ぶ子がたくさんいました。いまは**公園に集まって、わざわざ携帯《けいたい》ゲームで遊ぶ子も多い**ようです。

その記者は「子どもは外で遊ばなきゃ」と力説していました。

というのも、外で遊ばないから肥満《ひまん》になったり、生活が夜型になって授業中に眠たくなったりと、いろいろな問題が出ているというのです。

なるほどな、と思いました。

勉強も習い事も大切ですが、子どもは外で遊ばなければいけないのです。


みなさんは「**ゴールデンエイジ**」という言葉を知っていますか。

トレーナーの永野さんから聞いたのですが、これは子どもの運動能力がいちじるしく発達する時期のこと。**具体的には5歳から12歳まで**を指すそうです。

この時期にいろいろな種類の運動やスポーツをすると、からだがすこやかに発達します。そしてまた、この時期に身につけた動作や技術は、大人になっても忘れないという特徴《とくちょう》があります。自転車に乗ることがそうですし、サッカーのリフティングもそう。一度、ボールを操《あやつ》る感覚をつかむと、大人になっても忘れることはありません。

からだを動かすべき年齢で、しっかりと運動する。

すると子どものからだにはバランスよく筋肉がついていき、姿勢がよくなり、走力や跳躍力《ちょうやくりょく》、空間認知力といったさまざまな能力が伸びていきます。

逆に言えば、ゴールデンエイジの時期にほとんど運動しなければ、肥満になったり、猫背になったり、集中力が続かなくなったり。その悪影響は大人になっても続く可能性があるそうです。


「スピードスターメソッド」の効果は、足が速くなることだけではありません。どこでもひとりで気楽にできるメニューなので、**からだを動かす機会が少ない人の運動不足解消にもうってつけ**。とりわけ外で遊ばなくなった現代の子どもたちに、おすすめのメニューなのです。

最強である理由

03

何歳からでも速くなる

足の速さひとつで、ヒエラルキーが決まってしまうこともある学校生活。人気者になりたい、いじめられたくないという理由で、足が速くなりたいと思っている子どもたちがたくさんいるそうです。

でも速くなりたいのは、子どもたちだけではありません。

「保護者対抗リレーで、いいところを見せたい！」

「週末のフットサルで、軽《かろ》やかに敵を抜き去りたい！」

そんなふうに思っている大人も少なくないはず。

この「スピードスターメソッド」のいいところは、どんな人でも足が速くなるところ。子どもはもちろん、大人、それも運動不足でおなかがポッコリ出たオジサンでも、確実に速くなります。

そう、**あなたが何歳であっても、速く走れるようになる**のです。

足を速くするトレーニングというと、何本もダッシュを繰《く》り返すハードなメニューをイメージする方も少なくないと思います。

でも、重いものを持ち上げたり、長い時間、全力で走ったりする必要はありません。速く走るにはちょっとしたコツがあって、それは**いくつかのメニューをちょっとやるだけでも、十分に効果がある**のです。

実際、この本で提案するメニューは負荷《ふか》のかからないものばかり。とくに『「一夜漬《づ》け」1DAYコース』なんて、「これでいいの？」というくらいお手軽です。でも、簡単だからからだができていない小さな子どもも、運動不足のオジサンも無理なくできる。筋肉痛《きんにくつう》になって、翌日「イテテテ……」となることもありません。

ためしに、これだけでもやってください。

ペンをにぎるくらいの力で、軽く手をにぎる。

そしてちょうどいい高さに腕《うで》をもっていき、肩甲骨《けんこうこつ》を意識してすばやく振る。

これだけで速くなります。遅い人ほど効果アリです。

足が速くなるのに、年齢は関係ありません。

そして繰《く》り返し書きますが、「スピードスターメソッド」はどんな世代でも無理なくできます。つまり、親子で一緒にできる。

ぼくは少年時代、サッカーチームでコーチをしていた父と、よくかけっこをしました。チームの練習が終わると、父とふたりの弟の4人で競走をしたものです。

体力や体格に差がある父には、なかなか勝てません。でも負けず嫌いのぼくは「もう一本!」「もう一本!」とせがんで持久戦《じきゅうせん》に持ち込み、最後に息が上がった父を負かしていました。

仲間やライバルがいるとヤル気がわいて、結果も出やすい。

「スピードスターメソッド」も、ぜひ親子でやってみてください。

伊東家がそうだったように、**親子のきずなが強くなります**から。

最強である理由

04

姿勢がよくなり、集中力が長続きする

「スピードスターメソッド」の効果は、足が速くなることだけではありません。

34ページで紹介した「30秒片足立ち」。これはすべての人におすすめです。

「なんだ、片足立ちか」と思われるかもしれません。

でも、このメニューの効果は絶大です。やってみるとわかりますが、微妙にふらついたり、すぐに疲れてくる人は少なくないはず。

つまり**片足立ちをすることで、体幹《たいかん》や下半身の筋肉《きんにく》を鍛《きた》えられる**わけです。


片足立ちは、少年サッカーの練習にもよく取り入れられています。

サッカーには、ランニング、ジャンプ、キック、ターンと多種多様な動きが盛《も》り込まれていて、片足立ちになる瞬間がとても多い。

片足でうまくバランスが取れないと、シュートやパスが思い通りにできず、またターンに時間がかかって相手に置き去りにされてしまいます。

子どもが外で遊ばなくなったいま、片足立ちがうまくできない子どもが増えています。

からだを動かしていないからでしょう。筋肉の発達が遅く、ひざが曲がっていたり、猫背になっていたりと、まっすぐに立つことができない子どもが多いそうです。

そういう子どもたちは、座っていても正しい姿勢を維持《いじ》できないため、集中力が長続きしません。勉強もスポーツも、大切なのは集中力。**姿勢が悪く集中できない子どもは、勉強でもスポーツでも遅れをとっていく**ことになります。

姿勢ひとつで人生は変わってしまう。これは大げさに言っているわけではありません。

姿勢の崩《くず》れは、子どもにかぎった話ではありません。

たぶん、スマホがいちばんの理由だと思いますが、猫背の大人も増えていると聞きます。

そんな崩れた姿勢を治すために、片足立ちは最適です。

「30秒片足立ち」をすると、**体幹を中心に筋肉が鍛えられ、背筋がピンと伸びます**。その伸びた背筋を長くキープできるようになるのです。

「スピードスターメソッド」による姿勢の矯正《きょうせい》、それはもしかすると足が速くなることよりも、みなさんの人生にとって有意義なことかもしれません。

最強である理由

05

親の足が遅い子でも速くなる

自分は足が遅い、とあきらめている子どもに、よく見られるのが次のケース。

「ウチの子が遅いのも当然です。だって親の私が運動オンチですから……」

そう、親が「ウチの子は遅い」と決めてかかっているケースです。

そういう親の多くは、いわゆる運動神経が良くも悪くも遺伝《いでん》すると信じ込んでいます。

たしかにオリンピックでは、「親子鷹《おやこだか》アスリート」の活躍が目立ちます。

柔道やレスリングでは、3連覇《れんぱ》を果たした野村忠宏《のむらただひろ》さん、吉田沙保里《よしださおり》さんのように、柔道一家やレスリング一家に育ったアスリートがとても多い。

サッカーもそうです。近年では、Jリーグの草創期《そうそうき》に活躍した水沼貴史《みずぬまたかし》さん、風間八宏《かざまやひろ》さん、高木琢也《たかぎたくや》さんなどの息子さんたちが活躍するようになりました。

今後も「2世Jリーガー」は増えていくと思います。


でもぼくは、**運動神経は遺伝するとは考えていません**。

たしかに親の影響はあると思います。

子どもは親のやることに興味を示すので、親がサッカーをしていれば自然とサッカーをやるようになり、身近にいいお手本がいるので上達していきます。芸能人の子どもの多くが芸能界に進むのも、同じことだと思います。

そう、**親の影響が大きいのは、運動神経というより環境**なのです。

自分の少年時代を振り返っても、そのことは当てはまります。

ウチの両親はふたりともスポーツ好きで、父は野球、母はソフトボールに熱中していました。母なんて、いまも週末にソフトボールをやっています。

スポーツ好きの両親に連れられて、ぼくたち兄弟は幼いころからグラウンドで過ごすのが当たり前でした。こうなると自然とスポーツをはじめるようになります。反対に両親がインドア派だったら、ぼくらも外出する機会は少なく、スポーツに興味を示さなかったかも。こう考えると、ぼくがサッカー選手になったのは両親のおかげと言っていいかもしれません。

こういう話をすると、「じゃあ、両親が運動オンチだったぼくは足が速くならないの？」と不安になる子もいるかもしれません。

でも、心配ご無用。

この本を手にしたみなさんは、短距離で地区や県の代表になりたい、ましてやオリンピックに出たいなんていう壮大《そうだい》な野望はもっていないと思います。

「徒競走《ときょうそう》でひとつでも順位を上げて、友だちを見返したい」

「リレーで抜かれて、クラスのみんなに迷惑をかけたくない！」

そんな切実な悩みを、この本にたくしてくれたのだと思います。


つまりみなさんのライバルは、いまの君。クラス一のスピードスターに勝つ必要はなく、いまの足が遅い自分より速くなればいいだけです。**親が運動オンチかどうかなんて、まったく関係ありません**。そう考えれば、気が楽になりますよね？

いままで走りの基本を知らず、あきらめ気分で走っていた君が、今日から速くなる理論、「スピードスターメソッド」に基《もと》づいて走る。

これで速くならないはずがないのです。

最強である理由

06

難しいフォーム練習は一切なし

足が速くなるための本やサイトの多くには、正しい走り方について、ていねいな説明が書かれています。

「ひじは90度に曲げて、うしろに引くときの反動を利用して、逆の足を勢いよく前に出しましょう」

「足は重心のまっすぐ下に着地させてください」

みなさん、これでちゃんと走れますか？　おそらく、わけがわからなくなってしまうと思います。

仮に理論的に間違っていなくても、説明が細かすぎたり難しすぎたりして、どう走っていいか混乱してしまうのではないでしょうか。

「スピードスターメソッド」には、こうしたフォームについての難しい説明やトレーニングは一切ありません。というのも**ランニングフォームには「これが正解」というものが存在しない**からです。

世の中には、まったく同じからだの人はいません。

背が高い人がいれば、低い人もいる。

からだが柔《やわ》らかい人がいれば、ぼくのようにものすごくかたい人もいる。

胸板が厚い人がいれば、薄い人もいる。

足が長い人がいれば、短い人もいる。

つまり、それぞれのからだに合った走りやすいフォームがある。**陸上選手のようなきれいなフォームが、必ずしも正解とは限らない**のです。


実際にぼくは、だれかにフォームを教わったことはありません。

幼いころから、これがいちばん走りやすいフォームなんだ、と思って一生懸命走っていたら、「ジュンヤは速いね」と言われるようになっていました。

でも、ぼくの走り方を見たことがある方がいたら、正直、変に見えたのではないでしょうか。

すり足で、ちょっと猫背で、腕《うで》をグルグルまわしていて、柏レイソルでも日本代表でもチームメイトに「マジ変！」と笑われていました。でも、笑われても気になりません。これでみんなより速く走れるわけですから。

チームメイトのみんなには、「なんでそれで速く走れるの？」と不思議な顔をされます。でもトレーナーの永野さんからは、「伊東さんが速いのは納得ですよ」とお墨付《すみつ》きをもらいました。

永野さんによると、**個性的なぼくのフォームには、速く走るための秘密がいくつも隠されている**そうです。

肩甲骨《けんこうこつ》を中心にして、腕をすばやく振れている。

下半身を腰からしっかり動かせている。

そう、押さえるところをちゃんと押さえるだけで、これまで正しいと言われてきた走り方でなくても、グンと速くなるのです。

最強である理由

07

仲間のために がんばれる ようになる

こういう本を出しておいて、いまさらですが、正直に告白します……。

ぼくは走るのが好きではありません。いまも昔もきらいです。

それでもぼくは、子どものころからチーム練習のあとに父と競走したり、ふたりの弟と坂道ダッシュをやっていました。

走るのがきらいなのに、なぜ走っていたのか。

すべてはサッカーで勝つためです。

サッカーが死ぬほど好きだったぼくは、ゲームで活躍したくて仕方がありませんでした。でも、テクニックはそこそこ、小柄でパワーもなかったぼくは、たったひとつの強みであるスピードで勝負するしかありませんでした。

爆発的に速いわけではないですが、少なくともチームでいちばん速いのがぼくでした。つまり、ゲームに出てチームに貢献《こうけん》するには、スピードを生かすしかなかったのです。

「どんなことをしても、試合で活躍したい！」

その一心で、きらいなランニングをがんばりました。退屈《たいくつ》な中距離も「サッカーのためなら」と思って、歯を食いしばって走りました。

そのうちに**「ちょっと速い子」だったぼくは、「ものすごく速い子」になっていました。**テクニックは相変わらずでしたが、スピード勝負ではほとんど負けないくらいになっていました。

やがてチームメイトの見る目が変わってきました。

「試合に勝つには、ジュンヤを走らせるしかない！」

よくある地域の小さなチームで、ぼくはエースになり、仲間はどんどんパスを出してくれるようになりました。ぼくもみんなに期待されるのがうれしくて、「それならもっと速くなってやる！」と走りの練習に熱が入ったのです。

みんなも足が速くなったら、あのころのぼくの気持ちをわかってくれると思います。

いままで苦手だった徒競走《ときょうそう》やリレーで速く走れたら、きっとクラスメイトや両親が喜んでくれるはずです。

がんばって結果を出すと、だれかが喜んでくれる。

このようになにかを克服《こくふく》する経験を幼いころにすると、これから長い人生を歩んでいく上で、勇気や自信がわき、仲間のためにがんばれる力がやしなわれていきます。

つまりみんなより足が遅いのは、神様が与えてくれた「克服《こくふく》するためのチャンス」なのです。

生まれつき速い人が得られない大切なものを、きっとみんなは手にすることができるはず。「スピードスターメソッド」によって、子どもたちは人間として大きく成長することができるのです。

最強である理由

08

習い事が多くて忙しくても結果が出る

「トレーニングする時間がない！」

速く走りたいと思う子どもにとって、いちばんの悩みはこれかもしれません。

いまの子どもたちはものすごく忙《いそが》しいようです。

ぼくの少年時代も、学校が終わると英語やピアノ、水泳教室と習い事に行く友だちはいましたが、いまはほとんどの子が習い事に通っているのだとか。学校での授業をムシして、熱心に塾通いをさせる親もいると聞きました。

そういう話を聞くと、自分の少年時代がいかにのんびりしていたか実感できます。ぼくは子どものころ、習い事に通ったことはありません。学校が終わると、とにかくサッカー。地域の子どもたちが集まるチームで、日が暮れるまでボールを蹴《け》り倒《たお》していました。

チームでの練習が終わっても、体力がありあまっているので、仲間やふたりの弟と一緒に1対1の勝負をしたり、パスゲームをしたり、坂道ダッシュをしたりしてヘトヘトになるまで遊んだものです。そんな夢中でやっていた遊びのなかで、さまざまな動きを身につけ、足腰を鍛《きた》えることができたのです。

学校が終わっても塾があって、塾が終わったら終わったで、今度は家で宿題を片付けなきゃいけない……。

そんな忙しい子どもたちには、足が速くなるチャンスはないのでしょうか。

いやいや、はじめからあきらめることはありません。

サッカーや野球はいろいろなプレーがあるので、それなりに時間を割《さ》いて練習をしなければ上達しません。でも、かけっこは違います。いくつかの、**ちょっとしたコツをつかめば、確実に足は速くなります**。とくにかけっこが苦手な子ほど、すぐ速くなります。

「スピードスターメソッド」のいいところは、そのコツをすぐに身につけられるところ。長時間、トレーニングすることはなく、ちょっとからだを動かしただけでおどろくほど走りが変わります。

例えば『「一夜漬《づ》け」1DAYコース』の3つのメニューは、いつでもどこでもすぐにできます。勉強の合間の気分転換《てんかん》にかべに向かって「おやじドーン」をしてもいいですし、テレビを見ながら「ひじパンチ」をしてもいいでしょう。

手軽にできるということは、「さあ、やるぞ!」と気合いを入れる必要がなく、**〝ながら〟でできる**ということ。これもまた「スピードスターメソッド」のいいところです。がんばらなくてもいいということは、日々の習慣にもしやすい。トレーニングが習慣になると、どんどんタイムが上がります。

そう、どんなに忙しい子でも確実に足は速くなります。

気合いなんかいりません。ひまつぶしくらいの気分ではじめてください。

最強である理由

09

小さな子でも速く走れる

走るのが苦手な子には、小柄な子が少なくありません。手足の長さを生かし切れていない長身の子もいますが、それでも同級生に比べて背の低い子が目立ちます。

小さな子が速くなることをあきらめてしまう。その気持ちは理解できます。

足の速さ（スピード）は「歩幅（ストライド）」×「足の回転数（ピッチ）」。小さな子と大きな子が同じ回転数で走った場合、一歩の歩幅が大きな子、つまり身長の高い子が勝つことになるからです。

一生懸命走っているのに、どんどん相手の背中が遠ざかっていく……。

あのつらい気持ち、実はぼくにだってわかります。

ぼくは幼いころからかけっこが得意でしたが、いつもいちばんだったわけではありません。小学校低学年のころは身長が低かったので、背が高くて速い子にはなかなか勝てなかったのです。

でも、背が低いからといってあきらめる必要はありません。

「歩幅」は小さくても、「足の回転数」を上げることで、背の高い子に勝つことができるのです。

日本人史上初の１００メートル９秒台を出した桐生《きりゅう》祥秀《よしひで》選手は、身長１７６センチ。日本人の中では決して小さくありませんが、世界のスプリンターの中では小柄な部類に入ります。しかし、小柄な桐生選手が大柄な選手と互角以上に走れるのは、足がすばやく回転しているからです。

実はぼくの強みも桐生選手と同じ、回転数にあります。

これは偶然《ぐうぜん》ですが、ぼくの身長は１７６センチ。桐生選手と同じです。Ｊリーグでは平均的な高さ。それでも**１８０センチ台、１９０センチ台が多いセンターバックに走り勝っていたのは、回転数で彼らに勝っていた**からです。

正直に告白するとヨーロッパ移籍《いせき》が決まったとき、ぼくには不安がありました。

「自分のスピードは、大男ばかりのヨーロッパで果たして通用するだろうか……」

実際にヨーロッパに来てみると、味方も敵も大男ばかり。ぼくはまた小学校低学年のころのように、小柄な選手に逆戻りしてしまいました。

でも、蓋《ふた》を開けてみたら、強みである**スピードは、ヨーロッパでも十分に通用しています**。

右サイドからガンガン仕掛《しか》けて大男たちを抜き去り、チャンスメイク。柏レイソルで見せていたプレーができていて、チームメイトやファンのみんなは「イトー、速いね！」とほめてくれます。

そう、回転数を上げれば背の高い相手に勝つことができるのです。

この「スピードスターメソッド」には、回転数が知らず知らずのうちに上がってしまうメニューが盛りだくさん。

「ひじパンチ」や「グーチョキパージャンプ」、「前後ジャンプ」などです。

「え？　こんな簡単なメニューで？」と思うかもしれません。でも、ためしてみてください。自分でも「おお！　速くなってる！」とおどろくはずですから。

最強である理由

10

練習場所が狭くてもへっちゃら

「時間がない」と並んで、足が速くなりたい子どもの悩みになっているのが、「場所がない」ではないでしょうか。

近年、外で遊ぶ子どもが少なくなったのは、塾《じゅく》通いをはじめとした習い事で遊ぶ時間がなくなったからだけではありません。とくに都市部がそうなのですが、自由に遊べる場所が減っています。

ぼくの父によると、父が子どものころは住宅地でも遊ぶ場所がいくらでもあったそうです。

ですから道ばたで遊ぶのが当たり前。路地で野球やサッカーに明け暮れていたと話していました。

でもいまは、道で遊んでいる子どもはほとんど見かけません。

サッカー小僧だったぼくは、ふたりの弟と一緒に道ばたでボールを蹴《け》ることがありました。それでも、いつも遊んでいたわけではありません。道でボールをボカスカ蹴っていると、近所から「うるさい！」と怒《おこ》られたり、交通事故にあう恐《おそ》れもあるからです。

「それじゃあ、公園に行こうか」と近所の公園に行っても、そこにはいまは《ボール遊び禁止》の貼《は》り紙がされています。

「じゃあ、ボール遊びはやめて鬼《おに》ごっこやろう」といっても、子どもが楽しく遊んでいるだけで近所の住民から苦情が寄せられることも少なくないとか。

子どもが思い切り遊べない、つまらない時代になってしまいました。

しかし、運動できる場所がないからといって「スピードスター」になる夢をあきらめる必要はありません。

「スピードスターメソッド」にまとめたメニューは、ほとんど場所をとりません。

とくに『「一夜漬《づ》け」1DAYコース』のメニューは、部屋の中でできます。親子や兄弟で一緒にやってもらえるとうれしいですが、「見られるのは恥《は》ずかしい」という子は、自分の部屋で「こそ練」すればいいのです。

「こそ練」というのは、こっそりやる練習のこと。自分の部屋で「30秒片足立ち」や壁を使った「おやじドーン」、「ひじパンチ」をやって、本番で親や友だちをおどろかす。そんなのも痛快かもしれません。

『「急成長」7DAYSコース』のメニューも、部屋とは言わないまでも、ちょっとした庭、駐車場があればできます。なんなら登下校の最中に、気分転換に「グルグスキップ」をするだけでも十分。

練習場所がなくたって、いくらでも足は速くなるのです。

最強である理由

11

子どもの可能性が引き出されて未来が変わる!

足が速くなる。それはとても素晴《すば》らしい体験です。

「自分は足が遅いんだ」とあきらめてしまっている子どもたちに、ぼくは足が速くなる喜びを伝えたいと思って、この「スピードスターメソッド」をまとめました。というのも、足が遅いことで、自分に自信がもてなくなってしまう子どもがとても多いと耳にしたからです。

足が遅いというのは、その子の一部分でしかありません。字がきれいに書けたり、動物のことにくわしかったり、ピアノが上手に弾《ひ》けたりと、ほかにはいいところがたくさんあるはずです。

でも足が遅いことで、「リレーに負けたのは、あいつのせいだ」などと陰《かげ》でささやかれたりして自信がなくなり、すべてに消極的になってしまう。

それは、ものすごくもったいないことだと思います。

ここで、ちょっと考えてください。見方を逆転させてみましょう。

足が遅いだけで、すべてに自信がなくなってしまうということは、足が速くなりさえすれば、すべてに自信が出てくるということ。だからぼくは、みんなに足が速くなってほしいのです。

しかもそれは、決して難《むずか》しいことではありません。

走り方のちょっとしたコツを学べば、昨日の自分より確実に速くなります。

ぼくは、私は、やればできるんだ――。

こう感じたときから、子どもの人生は変わっていきます。

どんなことにもヤル気が出てきて、それは**明るい未来を切り拓《ひら》く大きな糧《かて》になる**でしょう。

今日から、君は「スピードスター」。

速くなるコツをつかんで、人生も変えてしまいましょう！

Chapter 3

足が速くなるのはどっち?

質問
1
QUESTION

からだが柔らかい人とかたい人、速く走れるのはどっち？

前屈《ぜんくつ》では指先が地面に届かず、開脚《かいきゃく》しても足が全然広がらない。
「からだがかたいぼくは、がんばっても足なんか速くならないだろうな……」
そんなふうにあきらめている人、いませんか？
心配しないで！　からだがかたくても、速く走ることはできますから。
このぼくを見てください。前にも書きましたが、ぼくはからだがかたいです。
柔《やわ》らかい人が多いアスリートのなかに入ったら、カッチカチと言っていいほど。
それでも、みんなより速いのです。

からだがかたい君に朗報《ろうほう》があります。
「実は**かたいほうが速く走れる**」

そう力説する専門家は多いのです。

ぼくは足首もかなりかたいですが、そのほうが足首が柔らかい人に比べて速く走れるのだそうです。というのも着地の瞬間《しゅんかん》、足首がしっかり固定されて、反動がつくから。反対に足首が柔らかいと、着地のときに沈《しず》み込んでしまって反動がつかないそうです。

実は、日本人初の１００メートル９秒台をマークした**桐生《きりゅう》選手も、足首がかたい**そうです。だから、からだがかたくても全然気にすることはないんです。

もちろん、柔らかいから不利なんてこともありません。股関節《こかんせつ》が柔らかければ一歩の幅が大きくなり、肩まわりが柔らかければ腕がよくまわります。

つまり、からだがかたい人も柔らかい人も、自分に合った走り方を見つければ速く走ることができるのです。

答え

足首がかたいほど、反動がついて速くなるという意見も。からだがかたいから不利だということはありません。

質問 2 QUESTION

お尻が痛い人、ふくらはぎが痛い人、うまく走れているのはどっち？

走りなれていない人がトレーニングをはじめると、筋肉痛《きんにくつう》になることがあります。でもその痛み、決してムダではありません。どこが痛むかによって、いい走りができているか、そうでないかをチェックすることができるからです。

お尻か、それともふくらはぎか。いい痛みといえるのはお尻です。

お尻が痛むということは、しっかりと腰を使えている証《あかし》。こういう人は下半身全体を連動させた走りができています。自信をもって続けてください。

反対に悪い筋肉痛は、ふくらはぎです。

ふくらはぎが痛いということは、ひざから下の筋肉しか使えていないということ。こういう人は足の回転数、つまりピッチが上がらず、競争《きょうそう》相手にどんどん差

をつけられてしまいます。

ちなみに子どもたちに「足を前に出して走るんだよ」とアドバイスをすると、つま先を前に出そうとする子がとても多い。これはピッチが上がらず、ふくらはぎを痛めてしまう悪いフォームです。

そういう子には、34ページの「30秒片足立ち」がおすすめ。

このページの写真のように、**上げた足で三角形ができると、腰からひざをしっかり前に出せるようになります**。下半身全体をうまく使えている、理想のフォームが身につきます。

答え

答えは「お尻が痛い人」。お尻が痛いということは、下半身全体が使えている証。自信をもって続けましょう！

質問
3
QUESTION

目線を向ける？　からだを倒す？
カーブをうまく曲がれるのはどっち？

子どものころ、ぼくは運動会が大好きでした。メインイベントのクラス対抗リレーでアンカーをまかされ、大歓声《だいかんせい》を浴びながら前を走るライバルを豪快《ごうかい》に抜き去る。もしくは、後続との差をグングン広げる。

あの快感《かいかん》は、いまでも忘れられません。

そんなぼくから、リレーを速く走るちょっとしたコツを伝授《でんじゅ》します。

リレーはスタートからゴールまでまっすぐ走る短距離走と違って、カーブを走ります。つまり**リレーのコツは、カーブをうまく曲がること**。そのために、どんなところに気をつければいいのでしょう。

正解は「曲がる方向に目線を向ける」です。

「からだを倒《たお》しなさい」とアドバイスをする人も少なくないですが、子どもにはうまく伝わらないことが多いです。からだを倒しすぎてスピードが出ない、または首だけを不自然に曲げるため、大まわりしてしまうケースが見られます。

また「遠心力を使いなさい。外側の腕（つまり右腕）を大きく振るように」と助言する人もいますが、これもいいとは思えません。子どもが難しく考えすぎて、思い切り走れなくなってしまうからです。

カーブをうまく走るには、曲がる方向に目線を向けること。これだけで十分。首やからだが自然と傾《かたむ》いて、いい走りができます。リレーは団体競技なので、苦手な子は緊張《きんちょう》するかもしれませんが、心配ご無用。目線にちょっと気をつけるだけで、いままでよりも速く走れるのです。

答え

目線を曲がる方向に向けるだけでオッケー。からだが自然と倒れて、カーブも速く走れます。

質問
4
QUESTION

前傾と後傾、コケやすいのはどっち？

前傾《ぜんけい》になりすぎて転《ころ》んでしまう。これは運動会の保護者リレーで、ちょくちょく見られるケースです。

若いころ足が速かったお父さんが、そのイメージのまま勢いよく走り出します。でも、筋力がおとろえてしまっているので、**自分のイメージに足がついていかない**。そのためにどんどん前につんのめっていき、最後に頭から倒《たお》れてしまう。

こういう人には54ページの「10秒ジョグ&5秒ダッシュ」がおすすめ。ダッシュするときの感覚をつかむと、正しい姿勢が身につき、転んでしまうことはなくなりますよ。

一方、うしろに体重がかかりすぎて、どんどんうしろに反《そ》り返ってしまう人も

います。

これは「ももをしっかりと上げましょう」というアドバイスが原因かと思われます。**もも上げを意識しすぎる**あまり、上体がどんどんうしろに反り返ってスピードが出ない。そういうケースも少なくないのです。

こういう走り方になっている人は、ぜひ34ページの「30秒片足立ち」をやってください。

34ページの写真を見るとわかりますが、そんなにももを上げていませんよね。

これくらいでいいのです。

答え

前傾になりすぎるとつんのめり、後傾《こうけい》になると反り返る。自分に合った姿勢を身につけよう。

質問
5
QUESTION

階段の上りと下り、速くなる練習にいいのはどっち？

これは簡単。答えは上り。

階段を上るとき、からだは自然と走るときの姿勢になるからです。

インターネットなどでは、走るときのフォームは頭から足のかかとまで、斜《なな》めに一直線になっているのが理想だと書かれています。この説明は正しいですが、一直線になることを意識して走ったら、動きがぎこちなくなってしまいます。子どもは混乱してしまうでしょう。この一直線の感覚を自然と身につけるのに、上り階段はうってつけなのです。

だから日常生活で多少つかれていても、エレベーターやエスカレーターには頼らず、積極的に階段を使ってみましょう。

お尻やももを意識して、しっかりと腕《うで》を振って階段を上がる。

これだけで確実にいいフォームが身につきます。日常のちょっとした工夫で、いくらでも速くなることができるのです。

身の周りの練習場ということでは、階段と並んで坂道もおすすめです。

ぼくが生まれ育った横須賀市浦賀は坂道だらけ。ゆるやかな坂から急な坂と、「坂道の宝庫」でした。

そんな場所でぼくはしょっちゅう、ふたりの弟と坂道ダッシュをやっていました。浦賀で育っていなかったら、強い足腰もいまの走り方も身につかなかったと思います。そうそう、Jリーグの「元祖《がんそ》スピードスター」**岡野《おかの》雅行《まさゆき》さんも学生時代、坂道でダッシュを繰《く》り返しやっていた**そうですよ。

答え

上り階段では、自然と理想のフォームが身につきます。坂道も同様。身の周りの練習場を有効に使いましょう。

質問 6 QUESTION

「がんばれ！」か「いつもの調子で」か、いいかけ声はどっち？

あなたの子どもが明日、いよいよ運動会をむかえます。

そのとき親は、どんな声かけをすればいいでしょう。

親としてはやはり「がんばれ！」と言いたくなるもの。でも、その言葉はおすすめできません。というのも、親が叱咤《しった》激励《げきれい》しなくても、子どもは十分すぎるくらい「がんばろう」と思っているからです。

「がんばるのよ！　あれだけ練習してきたんだからね！」

そう言われたら、ただでさえ緊張《きんちょう》している子どもが、さらに力んでしまうでしょう。**かけっこに力みは禁物《きんもつ》**。だから「いつもの調子で」がいいのです。

とくに、十分に練習を積んで本番をむかえる子は、「結果を出さなきゃ」とか「負けられない」といったプレッシャーを感じています。その重圧に負けて力を出せ

ず、落ち込んでしまう子も少なくありません。

ですから重圧をやわらげるために、「リラックスして、いつもの調子で」といった声かけをしてあげましょう。

最後に、足が遅い子への声かけについて。

この場合も、やはり「がんばれ！」は控《ひか》えましょう。

遅い子の多くは自分の遅さを自覚していて、走る前から気持ちで負けてしまっています。そういう子には、楽しさを強調するといいでしょう。

「結果はいいから、楽しく走ろうね」

このように**気持ちを前向きにしてあげれば、いい走りができる**と思います。

答え

緊張している子どもに「がんばれ！」は禁物。リラックスできる声かけをしてください。

質問
7
QUESTION

はだしとシューズ、速く走れるのはどっち？

ぼくが小学生だった15年ほど前、運動会のリレーでは、はだしで走る子がたくさんいました。実はぼくも、はだしで走った経験があります。

校庭はもちろん土というか砂ですから、最初はちょっと痛い。でも、慣《な》れるとなんてことはありません。また当時のシューズは重くて分厚《ぶあつ》く、砂の上ではすべる感じがありました。そんなシューズに比べると、はだしは軽く、地面もつかめて速く走れる気がしたのです。

でも時代は変わりました。いまは**はだしよりシューズがいい**と思います。というのも、シューズは格段に軽くなり、走りに特化した機能性の高い製品が次々と出ているからです。また、すべりやすい土のグラウンドは減り、芝やゴム

といった走りやすいグラウンドも増えています。

シューズのほうが速く走れるいまの時代、それではなにを基準にシューズを選べばいいのでしょう。

もっとも重視してほしいのは、履《は》いたときのフィット感です。

「みんなが履いてるから」とか「高価だから」という理由より、履き心地や走りやすさを重視してください。ですからネット通販で買うより、実際にショップに行き、ためし履きをした上で買ったほうがいいでしょう。

最後に、もうひとつ。子どもは関節や骨が弱いので、地面からの反発が大きいシューズを履くと痛みが出るかもしれません。そう考えると、**ソールは厚めがいい**と思います。

答え

機能性が高まり軽量化が進んだいまは、はだしよりシューズ！
人気や値段より、履き心地や走りやすさを重視しよう。

質問
8
QUESTION

走る練習をする人としない人、サッカーがうまくなるのはどっち？

「しなくてもいい」という人もいるかと思いますが、ぼくは自分の経験上、「したほうがいい」と思います。というのも、ぼくのプレーは、速く走れるということが前提《ぜんてい》になっているからです。

みんなが知っているとおり、ぼくのいちばんの武器はスピードです。**スピードがあることによって、目の前の敵をドリブルで抜き去ることができます。**

サッカーは相手との駆《か》け引きが醍醐味《だいごみ》。スピードがあることで、さまざまな駆け引きをすることが可能になります。

相手が密着マークをしてきたら、その背後に空いたスペースに走り込めばいいし、反対に相手がスペースを空けるのをいやがって、間合いを取って対応してきたら、今度は足もとでボールをもらってドリブルを仕掛《しか》ければいい。

どちらにしても、速く走れることで、プレーの幅が広がるのです。もちろん、このスピードは守備のときにも生きています。相手のドリブルに余裕でついていくことができますからね。

自分にスピードがなかったら……。そう思うと、ぞっとします。ヨーロッパのクラブの目に留《と》まることはなく、それどころかJリーガーにもなれなかったでしょう。

スピードを武器にここまで戦ってきたぼくからすれば、**どんなスポーツをやるにせよ、走力はあったほうがいい**。それはいろいろな局面で、自分を助けてくれるはずです。

答え

自分にスピードがなかったら、プロにはなれなかったはず。速さを身につけると、プレーの幅は間違いなく広がります。

おわりに

サッカー選手のぼくが、
速く走るための本を出すことになるなんて、
いまでも信じられない気持ちです。

正直なところ、ぼくは専門知識もないまま、
走りたいように走ってきました。
サッカーが上手くなりたい、負けたくないという
気持ちだけでガムシャラに走ってきました。

それでもひとつだけ、
確信をもって伝えられることがあります。
それは「速く走れると、絶対にいいことがある」ということ。

なによりもぼくのキャリアが、そのことを物語っています。
足が速くなかったら、いまのぼくは間違いなく存在しません。

日本代表のユニフォームを着てプレーするなんて、夢のまた夢。
あこがれのヨーロッパでプレーすることもなかったでしょう。
いや、Jリーガーにもなれなかったと思います。

つまりぼくは、足の速さだけで夢への道を切り拓《ひら》きました。
満員のスタジアムで大歓声《だいかんせい》を浴びながら、
大好きなサッカーができる。
ゴールを決めて、サポーターやチームメイトの
みんなと喜びを分かち合う。
それはすべて、足が速いおかげなのです。

足が速くなると、夢への扉《とびら》が開かれます。
それはスポーツに限ったことではありません。

苦手だったかけっこが速くなって、
子どもはコンプレックスから解き放たれます。
コンプレックスから解き放たれるだけではなく、
「やればできるんだ！」という自信を得ます。

「やればできる」を体験した子は、
スポーツにも、勉強にも、人間関係にも、
すべてに対して前向きに取り組むようになります。
苦手だったかけっこの克服《こくふく》を通じて、
やればできるということを知っているからです。
気持ちひとつで、人生はいくらでも変わります。

前向きになれば、どんなことでも結果が出るようになって、
夢が夢ではなくなっていく――。

苦手な走りが得意になる「スピードスターメソッド」は
夢の扉を開ける黄金のカギ。
子どもたちはすでに、それを手にしているのです。

伊東純也

夢は必ず叶う！

子どもの足がどんどん速くなる

発行日　2019年　6月　3日　第1刷
発行日　2022年　6月　2日　第6刷

著者　伊東純也
監修　永野佑一

本書プロジェクトチーム
編集統括　柿内尚文
編集担当　大住兼正
取材協力　植木竜介
デザイン　鈴木大輔・仲條世菜（ソウルデザイン）
編集協力　熊崎敬、平山純
写真　今井恭司、岡村智明、カイ・サワベ
イラスト　曽根愛
校正　柳元順子
DTP　G-clef
Special Thanks　寺林陽介、体育指導のスタートライン

営業統括　丸山敏生
営業推進　増尾友裕、綱脇愛、桐山敦子、矢部愛、高坂美智子、寺内未来子
販売促進　池田孝一郎、石井耕平、熊切絵里、菊山清佳、吉村寿美子、矢橋寛子、遠藤真知子、森田真紀、氏家和佳子
プロモーション　山田美恵、藤野茉友、林屋成一郎
講演・マネジメント事業　斎藤和佳、志水公美

編集　小林英史、栗田亘、村上芳子、菊地貴広、山田吉之
メディア開発　池田剛、中山景、中村悟志、長野太介、入江翔子
管理部　八木宏之、早坂裕子、生越こずえ、名児耶美咲、金井昭彦
マネジメント　坂下毅
発行人　高橋克佳

発行所　株式会社アスコム

〒105-0003
東京都港区西新橋2-23-1　3東洋海事ビル
編集局　TEL：03-5425-6627
営業局　TEL：03-5425-6626　FAX：03-5425-6770

印刷・製本　株式会社光邦

Printed in Japan ISBN 978-4-7762-1046-7

キリトリセンで切り取って、好きな場所に飾ってね！

キリトリセン

キリトリセン

キリトリセン

登録するだけ!

購入者全員にプレゼント!

本書のCHAPTER 1がスマホ、タブレットなどで読めます!

アクセス方法はこちら!

⇩

下記のQRコード、もしくは下記のアドレスからアクセスし、会員登録の上、案内されたパスワードを所定の欄に入力してください。
アクセスしたサイトでパスワードが認証されますと、電子版を読むことができます。

https://ascom-inc.com/b/10467

※通信環境や機種によってアクセスに時間がかかる、もしくはアクセスできない場合がございます。
※接続の際の通信費はお客様のご負担となります。